심바,
집에 가자

심바, 집에 가자

도단이 만화

1화	강아지가 생겼어요	6
2화	강아지와 함께 산다는 것	11
3화	내 이름은 심바	15
4화	안 돼!	18
5화	편견은 싫어	23
6화	심바! 밥 먹자	26
7화	내가 잠든 사이	30
8화	심바, 무슨 꿈?	34
9화	양말 발굴단	39
10화	나와 다른 마음도 이해해요	43
11화	심바의 여름 나기	47
12화	여행지에서 생긴 일(1)	51
13화	여행지에서 생긴 일(2)	56
14화	심바 엎드려!	63
15화	패션의 완성은 사랑	67
16화	봄, 봄, 봄	71
17화	맛있는 걸 어떡해	77

18화	우리가 어디에서 왔는지 아세요?	81
19화	길고양이 먹이 주기	86
20화	한여름 밤의 꿈(1)	92
21화	한여름 밤의 꿈(2)	97
22화	똘이 이야기(1)	104
23화	똘이 이야기(2)	110
24화	안내견 행복이	116
25화	미안해	121
26화	짱이의 추억	128
27화	막내 이야기(1)	134
28화	막내 이야기(2)	139
29화	펫티켓	145
30화	심바의 일상	151
31화	막내라는 인연	157
32화	기다릴게요	163
33화	심바, 집에 가자	169
	작가의 말	176

제1화
강아지가 생겼어요

어린이날

어버이날

지난 생일

그리하여 4자 회담 개최!

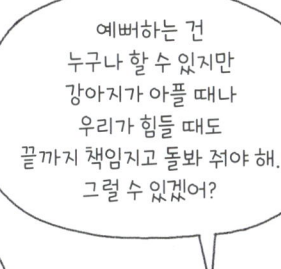

제2화
강아지와 함께 산다는 것

우리는 서로 배우고 익숙해지는 중.

제3화
내 이름은 심바

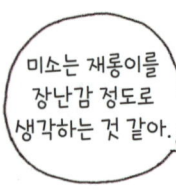

안 돼!

제5화
편견은 싫어

제6화
심바! 밥 먹자

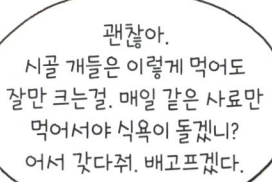

강아지들은 사람에게 필요한 염분의 3분의 1만 섭취하면 되기 때문에

사람 음식을 그대로 먹으면 염분 섭취가 많아 문제를 일으키기 쉽거든.

그런 일이 있었구나?

하긴 강아지를 키우는 사람이라면 누구나 한 번쯤은 고민하는 문제지.

물론 사료가 영양학적으로 강아지에게 가장 적합한 음식이긴 하지만

할아버지 말대로 사람이 먹는 음식을 먹여도 돼요? 아니면 엄마 말처럼 사료만 먹이는 게 맞아요?

강아지가 사람 음식을 그대로 먹으면 염분이 문제가 된다는 건 엄마 말씀이 맞아.

적절한 간식을 주는 건 강아지에게 즐거움을 주고 주인과의 유대감을 쌓는 데 도움이 된단다.

제7화
내가 잠든 사이

심바, 무슨 꿈?

제9화
양말 발굴단

제10화
나와 다른 마음도 이해해요

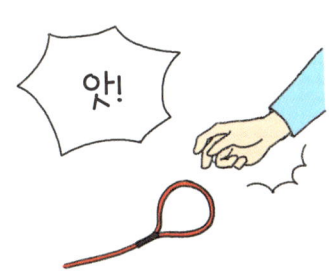

제11화
심바의 여름 나기

제12화
여행지에서 생긴 일 (1)

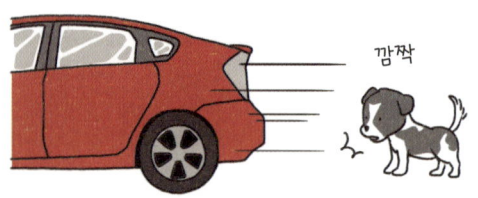

여행지에서 생긴 일 (2)

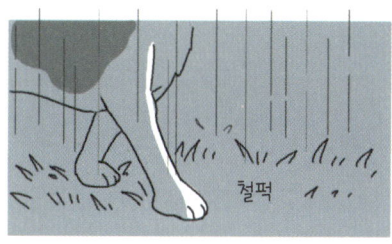

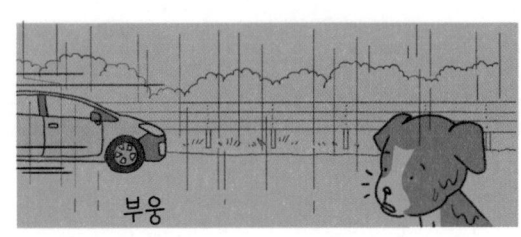

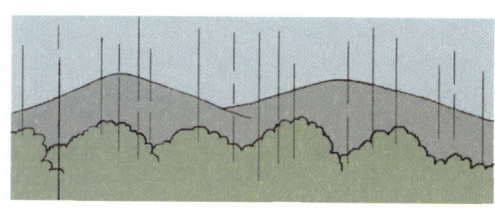
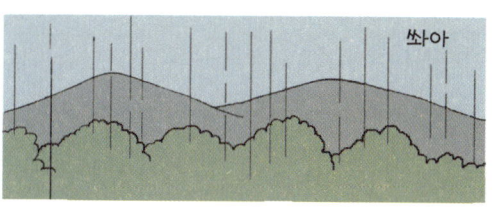

제14화
심바 엎드려!

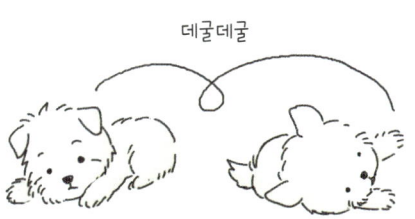

제15화
패션의 완성은 사랑

"명품이니, 럭셔리니 강아지한테까지 사람들의 어긋난 고급 욕심을 부추기는 상술도 마음에 안 들고"

"오버해? 내가?"

"그렇게 꾸민 내 강아지만 특별한 것처럼 자랑하는 사람들도 보기에 불편해."

옥신각신 갑론을박

"뭘 그렇게까지 생각해."
"지나친 사람들이 문제지 강아지 옷 입히는 게 문제는 아니잖아?"

"하하~ 그래서 결국 서로 다퉜다고?"

"우리 강아지가 예쁘게 입고 사람들 눈길을 끌면 기분 좋은 일이지."
"당신은 가끔 오버할 때가 있더라."

"네에…."
"강아지 옷을 입히느냐 마느냐 사람들 의견이 엇갈리긴 하지."

봄, 봄, 봄

핫!

부웅~

첨벙!

심바!
집에 가자~

거기서
뭐 하고
있었어?

뭐 좋은 거라도
봤니?

심바! 서둘러 잡지 않아도 돼.
봄은 어느새 바로 뒤에 와 있어.

제17화
맛있는 걸 어떡해

이 녀석 살이 찐 건가?

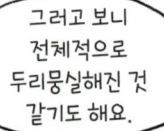그러고 보니 전체적으로 두리뭉실해진 것 같기도 해요.

과체중이야.

아빠! 이렇게 보니까 심바 머리가 안 보여요.

그게 무슨 소리니?

최근에 산책을 소홀히 해서 운동량이 줄지는 않았니?

역시….

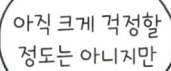

혼자만 몰래 간식을 줬다고 생각하는 1인, 2인, 3인.

제18화
우리가 어디에서 왔는지 아세요?

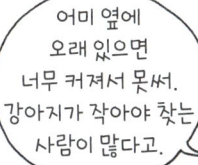

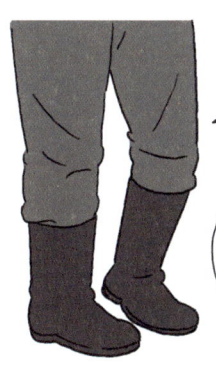

콩!

아가야…
주르륵

콩!

콩!

콩!

우리 엄마는 평생 새끼만 낳다가 죽어요.
나는 그런 불쌍한 엄마가 있는 강아지 공장에서 왔어요.
우리가 어디서 왔는지 알고서도 여기서 우리를 사 갈 건가요?
사람들의 욕심이 자꾸자꾸 강아지 공장을 만들어요.

제19화
길고양이 먹이 주기

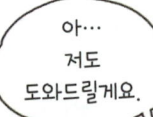

아니!

이 아주머니가 또~

새끼들이 조금 더 자랄 때까지…
그때까지만 봐줄 거야.
알았지?

우리에게 필요한 건 온정만이 아니라 공존.
동네는 원래 고양이들의 것이니까.

제20화
한여름 밤의 꿈 (1)

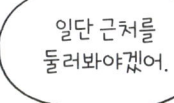

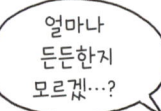

제21화
한여름 밤의 꿈 (2)

제22화
똘이 이야기 (1)

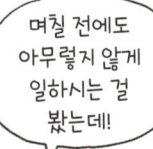

제23화
똘이 이야기 (2)

추운 겨울밤, 첫눈과 함께 찾아온 만남.

제24화
안내견 행복이

아빠, 안내견은 버스에 못 타요?

그렇지 않아. 표지를 붙인 장애인 보조견은 대중교통을 이용할 수 있도록 법으로 정해져 있는걸.

그 기사 아저씨가 잘못한 거야.

안내견은 정말 멋진 것 같아요. 우리 심바도 나중에 안내견이 되면 좋겠어요.

행복이라고 했나?

심바는 너랑 같이 아프리카 국립 공원에 취직하는 거 아니었어?

하하~ 그것도 좋기는 한데….

안내견은 태어나면서부터 선별해서

엄격한 훈련 과정을 거쳐야 할 수 있는 거야.

정말요?

응. 생후 2개월부터 가정에 맡겨져서 사회성을 배우는데,

제25화
미안해

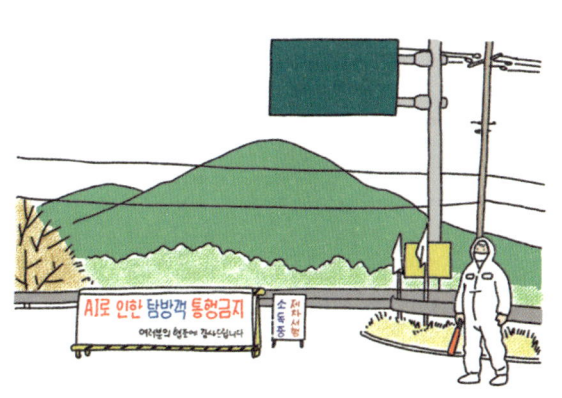

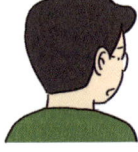

미안… 멀리멀리 날아가서 하늘에 별이라도 되렴….

제26화
짱이의 추억

그렇게 하룻밤이 이틀, 사흘, 일주일이 되고…

은근슬쩍 강아지를 허락한 것도,
허락하지 않은 것도 아닌 상태로

짱이는 우리 집에 머무르게 되었지.

평소 별 대화 없이 지내던 우리 식구는
짱이가 온 뒤로 함께 웃을 일이 많아졌고,

밤늦게 야근을 마치고 세상에 혼자 남겨진 것 같은
외로움을 끌고 집으로 돌아올 때마다

항상 나를 기다려 준 건 짱이 너였지.

딸애가 성에 안 차는 남자를 데려와 인사시킬 때도
내 마음을 알아주는 건 너밖에 없었어.

막내 이야기 (1)

제28화
막내 이야기 (2)

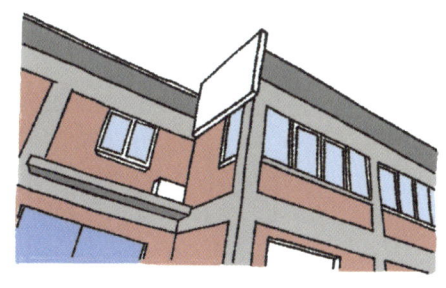

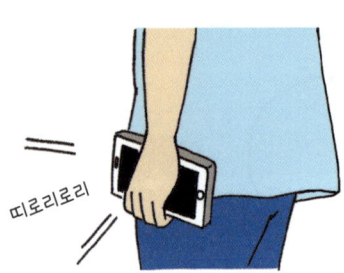

콜리의 새 식구는 사과 과수원을 하는 분이에요.

콜리는 처음엔 좀 긴장한 것 같았지만,

편안한 표정으로 새로운 식구들과 함께 떠났어요.

어제 제가 없는 사이에 콜리 소식을 잘못 전해 듣고 많이 슬퍼하셨다고 들었습니다.

콜리를 입양한 분들이 사진을 보내와서 전해드립니다.

그리고 콜리는 이제 '막내'라는 새 이름으로 불린대요.

콜리, 아니 막내야. 언젠가 또 만나자.

제29화
펫티켓

맞아, 펫티켓은 우리가 이미 알고 있는 그거 하나만 기억하면 돼. 서로 존중하는 마음.

심바의 일상

<손 1>

<손 2>

<손 3>

<앉아 1>

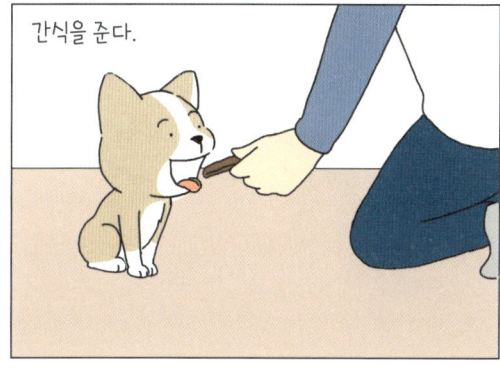

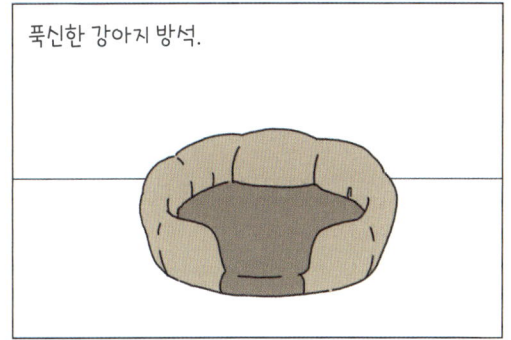

제31화
막내라는 인연

우리가 기억하지 못해도 따뜻한 마음은 이어져 있어요.

제32화
기다릴게요

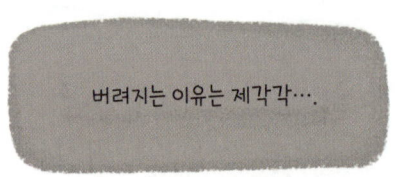
버려지는 이유는 제각각….

너무 활발해서…

털이 많이 빠져서…

실수로 물어서…

몸집이 너무 커져서…

쓸데없이 짖어서…

버려진 이유는 다르지만
똑같은 것은
마냥 기다린다는 것…

절대로 버려졌다고 생각하지 않는다는 것….

제33화
심바, 집에 가자

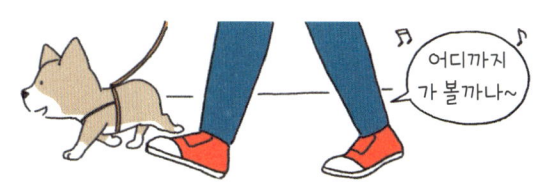

작가의 말

재롱이, 백구, 소소.

나의 어린 시절 한때를 함께했던 강아지들의 이름입니다.

재롱이는 아빠 친구네서 데려온 아이로 희고 검은색 점박이 무늬에 이름처럼 애교가 많은 재롱둥이였어요. 백구는 햇빛을 받은 모래 색깔처럼 따뜻한 외모에 그렇지 않은 성격을 가진, 역시나 아빠가 데려온 아이였죠. '작은 웃음'이라는 뜻의 소소는 누군가 무협 스토리의 주인공으로 구상했다며 들려준 이름에서 비롯된 거였어요. 우리 집에 작은 웃음들이 끊이지 않았으면 하는 바람을 담았죠.

워낙 오래 전이고, 아주 짧게 거쳐 간 다른 아이도 몇 있어서 재롱이, 백구, 소소의 이야기들을 제대로 기억하고 있는 건지 확신은 없어요. 이 아이의 기억이 다른 아이의 기억으로 시간이라는 너울을 타고 서로 넘나들며 섞여 아련하고 뿌연 빛의 기억으로 남았죠. 눈에 눈물이 차오를 때 보이는 서글픈 빛깔로 말이에요. 이 아이들은 우리 집에서 그리 행복하지는 않았을 것 같아요. 지금 생각하면 미안한 게 너무 많거든요.

성견이 된 백구는 덩치가 커질수록 사람에게 컹컹 짖으며 달려들었는데, 식구들은 그게 무서워 점점 백구를 멀리했어요. 결국 백구를 돌보는 일은 오롯이 엄마 한 사람의 일이 되었고, 버거워진 엄마는 지인이 사는 시골집으로 백구를 보냈어요.

어릴 때 받았던 다정한 손길이 그리워 자기 덩치도 모르고 매달렸구나, 하는 걸 그때는 몰랐어요. 개가 사나워졌다고 눈살만 찌푸렸죠. 오도카니 혼자 견뎌야 했을 그 많은 낮과 밤, 백구는 얼마나 외로웠을까요. 재롱이 역시 성견이 되고 나서 예전처럼 사랑받지 못했어요. 재롱이의 재롱은 하루가 멀다 하고 크고 작은 사고로 이어져 식구들에게 골칫거리가 되었죠. 그리고 소소는 어느 맑은 아침 혼자 무지개 다리를 건넜어요. 죽음의 이유도 몰랐을 뿐더러 아무도 소소의 죽음을 지켜 주지 못했어요. 얼마나 외롭고 무서웠을까, 생각하면 미안하고 괴로운 마음에 나는 한동안 아무것도 하지 못했습니다.

개는 개고 사람은 사람. 개는 개답게 거리를 두고 거칠게 키워야 한다는 생각이 보통의 상식으로 평가받던 시절이었어요. 게다가 나는 너무 어려서 어른들의 상식에 맞서 그 아이들에게 해 줄 수 있는 것이 더 없었던 것 같아요. 재롱이, 백구, 소소를 떠올

리면 아직도 시야가 뿌옇게 흐려지곤 합니다.

　지금 내 곁에는 '막내'가 있습니다. 나는 친구와 함께 유기견보호센터에서 막내를 데려왔어요. 막내는 친구와 사과밭에서 지내요. 낮에는 밭일하는 친구 곁을 지키고 밤에는 친구와 같이 저녁을 먹고, 같이 잠들고. 가끔 밭에 돌아다니는 들쥐를 물고 와서는 '이것 좀 보아라!' 하며 의기양양하게 굴기도 하지만 사냥 실력이 그리 좋지는 않습니다. 나는 막내를 보며 재롱이와 백구, 소소를 떠올려요. 막내는 재롱이의 털빛에 백구와 몸집이 비슷하고 소소처럼 쿨한 성격을 가졌죠. 그 아이들에게 못해 준 것을 막내에게 해 주고 싶어져요. 할 수 있는 만큼 다요.

　이 책을 짓는 동안에도 재롱이와 백구, 소소는 내 머릿속을 떠나지 않았어요. 나와 그 아이들의 이야기를 기억해 내고, 주변의 이야기를 모으고, 필요한 공부를 하게 되었죠. 반려동물을 어떻게 대해야 하는지 새롭게 알게 되면서 개와 고양이 외에 우리 주위의 다른 동물에 대해서도 관심을 갖게 되었어요. 동물권이 왜 중요한지 비로소 알게 되었지요. 그렇게 이야기가 쌓이는 동안, 그리고 막내와 함께하면서 나는 재롱이와 백구, 소소가 있었던 그때보다 더 나은 사람이 된 것 같아요.

　사람이 죽으면 먼저 가 있던 반려동물이 마중을 나온다는 얘기를 보고 재롱이, 백구, 소소 중에 누구라도 날 마중해 줄까 걱정했던 적이 있어요. 세상을 떠난 반려동물들이 무지개 다리 건너에서 자기가 만난 좋은 주인에 대해 자랑을 늘어놓을 때 재롱이와 백구, 소소는 새침해 있지는 않을지……. 그래서 얘기하고 싶어요. 내가 더 나은 사람이 될 테니 많이 시무룩해하지 말고 날 마중 나와 달라고. 이 책을 읽은 뒤 그 누군가도 나처럼 더 나은 사람이 되길, 그래서 곁에 있는 반려동물과 함께 더 행복해지길 바랍니다.

도단이

심바, 집에 가자

2022년 7월 28일 1판 1쇄
2023년 1월 31일 1판 2쇄

지은이 도단이 | **편집** 김태희, 장슬기, 윤설희 | **디자인** 김재미 | **제작** 박흥기 | **마케팅** 이병규, 이민정, 최다은 | **홍보** 조민희, 강효원 | **인쇄** 코리아피앤피 | **제책** J&D바인텍 **펴낸이** 강맑실 | **펴낸곳** (주)사계절출판사 | **등록** 제406—2003—034호 | **주소** (우) 10881 경기도 파주시 회동길 252 | **전화** 031)955—8588 | **전송** 마케팅부 031) 955—8595 편집부 031)955—8596 | **홈페이지** www.sakyejul.net | **전자우편** literature@sakyejul.com | **페이스북** facebook.com/sakyejulkid | **인스타그램** instagram.com/sakyejulkid

ISBN 979—11—6094—949—0 77810

ⓒ 도단이, 2022

값은 뒤표지에 적혀 있습니다. 잘못 만든 책은 구입하신 서점에서 바꾸어 드립니다. 사계절출판사는 성장의 의미를 생각합니다. 사계절출판사는 독자 여러분의 의견에 늘 귀 기울이고 있습니다. 이 책은 저작권법에 따라 보호받는 저작물이므로 무단전재와 복제를 금합니다.